BEI GRIN MACHT SICH IHR WISSEN BEZAHLT

AF149683

- - Wir veröffentlichen Ihre Hausarbeit, Bachelor- und Masterarbeit

- - Ihr eigenes eBook und Buch - weltweit in allen wichtigen Shops

- - Verdienen Sie an jedem Verkauf

Jetzt bei www.GRIN.com hochladen und kostenlos publizieren

Bibliografische Information der Deutschen Nationalbibliothek:

Die Deutsche Bibliothek verzeichnet diese Publikation in der Deutschen National-
bibliografie; detaillierte bibliografische Daten sind im Internet über http://dnb.d-
nb.de/ abrufbar.

Impressum:

Copyright © 2013 GRIN Verlag
Druck und Bindung: Books on Demand GmbH, Norderstedt Germany
ISBN: 9783656509899

Dieses Buch bei GRIN:

https://www.grin.com/document/262730

Mathias Hirsch

Reflektion der Erweiterungsstudien

GRIN Verlag

GRIN - Your knowledge has value

Der GRIN Verlag publiziert seit 1998 wissenschaftliche Arbeiten von Studenten, Hochschullehrern und anderen Akademikern als eBook und gedrucktes Buch. Die Verlagswebsite www.grin.com ist die ideale Plattform zur Veröffentlichung von Hausarbeiten, Abschlussarbeiten, wissenschaftlichen Aufsätzen, Dissertationen und Fachbüchern.

Besuchen Sie uns im Internet:

http://www.grin.com/

http://www.facebook.com/grincom

http://www.twitter.com/grin_com

Erweiterungsstudienbericht

im Kurs

Reflektion der Erweiterungsstudien

Vorgelegt von

Mathias Hirsch

Kassel, 30.03.2013

Inhaltsverzeichnis

Wortanzahl: 5.468

1 Einleitung

1.1 Zielsetzung der Arbeit

Ziel des Erweiterungsstudienberichts ist eine Beschreibung der Erweiterungsstudien, die während des Studiums Master of Public Administration (MPA) absolviert wurden. In diesem Zusammenhang wird eine Erläuterung und Bewertung des Lernertrages bzw. -transfers der einzelnen Veranstaltungen in Bezug auf die berufliche Tätigkeit des Verfassers und das MPA-Studium erfolgen.

1.2 Aufbau der Arbeit

In diesem Bericht werden, nach der Erläuterung eines Bezugsrahmens, die im Zeitraum September 2011 bis Mai 2012 besuchten Veranstaltungen vorgestellt. Sie umfassen drei Messebesuche, einen Fachvortrag sowie einen einwöchigen Erfahrungsaustausch in Österreich. Der Bericht schließt mit einem kurzen Fazit.

1.3 Bezugsrahmen für die Darstellung der Erweiterungsstudien

Mit Hilfe des Bezugsrahmens wird auf ein besseres Verständnis beim Leser bezüglich der Auswahl der einzelnen Erweiterungsstudien abgezielt. Überdies soll die Einordnung des Lernertrages bzw. des Lerntransfers vereinfacht werden. Den Bezugsrahmen für die Beschreibung der Erweiterungsstudien bilden zum einen die Inhalte des MPA-Studiums und zum anderen die berufliche Tätigkeit. Eine nähere Beschreibung ist lediglich für die berufliche Tätigkeit zweckmäßig, da die Inhalte des Studiums dem Leser bekannt sind. Sie werden nur insofern dargestellt, als ein konkreter Bezug zu den einzelnen Erweiterungsstudien gegeben ist, sowie im Rahmen der Beschreibung und Bewertung des Lernertrages bzw. Lerntransfers.

Der Verfasser ist seit sechs Jahren beim Xxx (Xxx) als Xxx beschäftigt. Das Xxx gehört zum Geschäftsbereich des Bundesministeriums der Verteidigung (Xxx) und ist dem Organisationsbereich der Xxx (Xxx XXX) zugeordnet.

Angehörige der Xxx der Xxx vermitteln die Rechtskenntnisse, beraten die militärischen Vorgesetzten und tragen zur Festigung des Rechtsbewusstseins innerhalb der Xxx bei. Unabhängige Wehrdienstgerichte gewähren Rechtsschutz und entscheiden in gerichtlichen Disziplinarverfahren.

Das Xxx XXX ist zuständig für:

- die Xxx der Xxx , dazu gehören die Organisations- und Personalangelegenheiten der Rechtsberatung
- den Rechtsunterricht in den Streitkräften,
- IT-Koordination des Organisationsbereichs Xxx ,

- Wehrbeschwerde- und Wehrdisziplinarordnung sowie das
- Straf- und Wehrstrafrecht.

Die zu erledigenden Aufgaben in den XXX 'en umfassen die Entscheidungen über Beschwerde- und Disziplinarangelegenheiten auf richterlicher Ebene und die verwaltungsmäßige Organisation, Vor- und Nachbereitung von Gerichts- und Kostengrundentscheidungen auf der verwaltungstechnischen Seite.

2 Berufliche Tätigkeit

Der Verfasser arbeitet, auf Grundlage des erworbenen akademischen Grades eines Diplom-Verwaltungswirtes (FH), als Beamter im gehobenen Dienst in der Funktion eines Xxx s einer Kammer des XXX 'es Süd.

Als Xxx obliegt dem Verfasser die Leitung der Geschäftsstelle einer Kammer beim Xxx , sowie die Urkundsbeamtentätigkeit und die Unterstützung des Vorsitzenden Richters in allen Verwaltungsangelegenheiten.

Die Aufgaben umfassen, neben den o.g., zum einen den Arbeitsbereich des

⇨ IT-Management, hierbei:

- Controlling im IT-Bestandsverzeichnis
- Umsetzung und Weiterentwicklung des IT-Rahmenkonzeptes
- Planung und Umsetzung von Systemverbesserungen im Rahmen des KVP und zum anderen

⇨ IT-Querschnittsaufgaben, hierbei:

- Budgetverantwortung für sämtliche IT-Beschaffungen
- Planung und Durchführung von IT-Fortbildungsveranstaltungen.

Neben den dargestellten Fachaufgaben ist der Verfasser zum stellvertretenden Datenschutz- und Sicherheitsbeauftragten bestellt worden, wofür ca. 20% der Arbeitszeit zur Verfügung stehen. In beiden Funktionen ist der Verfasser weisungsfrei und hat direktes Vortragsrecht beim Präsidenten des Truppendienstgerichtes Süd.

Seit dem Beginn des Masterstudiengangs wurden neben der praktischen Arbeit theoretische Grundkenntnisse erworben, welche u.a. in einem begleitenden Projekt „Einführung eines Fileservices", welcher im Bericht reflektiert werden soll, eingeflossen sind.

3. Erweiterungsstudien

3.1 Workshop Konzeptbearbeitung Fileservice

3.1.1 Zielsetzung des Workshops

Der Workshop hatte die Aufgabe, die zugewiesenen Projektmitarbeiter über den Sachstand der Einführung des ganzheitlichen Fileservice[1] im Rahmen von Innovationen in der Verwaltung und E-Government aufzuklären und einen Handlungsleitfaden für das Projekt darzustellen.

3.1.2 Ausgangssituation und Problemanalyse

Aufgrund des technischen Fortschrittes und der Einführung von Systemlaufwerken innerhalb der Xxx , welche den Datentransfer und -abruf von jedem Arbeitsplatz-PC ermöglichen, wurde festgestellt, dass die bis dato in verschiedenen Medien geführten Informationen zu den jeweiligen Gerichtsverfahren zwar disloziert vorhanden waren, jedoch nicht ausreichend transparent und strukturiert für die Beschäftigten und zur Weiterverwertung in anderen Organisationen außerhalb der Xxx [2] zur Verfügung standen. Es wurde daher überlegt, die organisationsübergreifend vorhandenen Informationen zu jeder Zeit und an jedem Ort in derselben Qualität verfügbar zu machen. Nach einer Problem- und Bedarfsanalyse ergab sich die zwingende Notwendigkeit, die Informationen aus den verschiedenen Medien[3] in einer zentralen und vor allem zur Verfügung stehenden Anwendung zusammen zu fassen.[4] Grundlage für die technische Komponente war hier die Bereitstellung der Microsoft-Office-Produktfamilie seitens des Xxx , da externe Software für die Migrierung angesichts der angespannten Haushaltslage nicht in Betracht kam.[5]

Ziel der Einführung war die produktive Integration in die täglichen Arbeitsprozesse der Mitarbeiter[6], um möglichst Einarbeitungskosten zu sparen und den laufenden Dienstbetrieb nicht über Gebühr zu belasten. Im Endeffekt bedeutete dies, dass die traditionellen Informationsablagen (Karteikarten) und Vorgangsbearbeitungsformen (nur auf dem Papier) durch ein neues, elektronisches Bearbeitungssystem abgelöst werden mussten. Ein Parallelbetrieb sollte bis zur endgültigen Funktionalität beibehalten werden.

---

[1] Der Fileservice soll jedem Mitarbeiter innerhalb der Xxx ermöglichen, von jedem Arbeitsplatz aus, die ihm zugewiesenen Tätigkeiten unter Abbildung seines elektronischen Arbeitsplatzes vorzunehmen.

[2] z.B. Entscheidungen, welche den Wehrdienstsenaten am Bundesverwaltungsgericht zugänglich gemacht werden sollten, da diese die Berufungsinstanz der XXX 'e darstellen.

[3] Bis dato vorwiegend Karteikarten, teilweise Office-System, „Doppelkopie".

[4] Diese Ergebnisse wurden nach Eingabe an das Xxx Recht durch die IT-Beauftragten der XXX 'e vorgelegt und mit der Bitte um Umsetzung wieder an die IT-Beauftragten zurückgegeben.

[5] Auf Grund des HERKULES-Rahmenvertrages ist der Einsatz von Sondersoftware nicht möglich.

[6] Im Folgenden wird hier auch immer die weibliche Form gemeint.

Bei der Einschätzung der zu bewältigenden Aufgabe[7] zeigte sich, dass aufgrund der Komplexität der technischen Probleme, der voraussichtlich benötigten Ressourcen sowie der Einmaligkeit der Bedingungen in ihrer Gesamtheit das Vorhaben nur im Rahmen eines Projektes zu bewältigen war.[8] Die persönliche Zielsetzung bestand vor allem darin, neben dem bereits vorhandenen theoretischen Wissen im Bereich E-Government auch potentielle Umsetzungsschwierigkeiten und mögliche Fehlerbehebungen während des Projektes kennen zu lernen.

3.1.3 Beschreibung und Bewertung des Lerntransfers

Der Workshop wurde im Rahmen eines Arbeitsgruppengespräches durchgeführt. Er bestand aus diversen Vorträgen, welche anschließend im Rahmen von Fachgesprächen vertieft wurden. Alle Vorträge beinhalteten für den Verfasser teils neue, teils vertraute Themenbereiche und zeigten einen Weg auf, das eigene Wissen auf dem Fachgebiet der Umsetzung von elektronischen Projekten zu erweitern. Besonders interessant war hier der Beitrag unseres Domänenverantwortlichen[9], welcher über die wesentlichen Grundzüge des Fileservice referierte und dabei die Möglichkeiten, von jedem Arbeitsplatz-PC innerhalb der Xxx auf die eigenen Daten zugreifen zu können, aufzeigte. Daneben wurde die Möglichkeit dargestellt, künftig den Versand von Dokumenten zu reduzieren, indem diese in Austauschordner ablegt werden, auf welche alle Mitglieder einer bestimmten Berechtigungsgruppe zugreifen können. Mein Blickwinkel bzgl. der Möglichkeiten des E-Government erweiterte sich insbesondere um Aspekte der technischen Umsetzung. Hier wurde gemeinsam ein Handlungsleitfaden[10] konzipiert und an alle Mitarbeiter ausgegeben. Die Teilnahme am Workshop war sehr lehrreich, da die Beteiligten über ein hohes Fachwissen im Bereich der IT verfügten und dieses auch rhetorisch einwandfrei transferieren konnten.

Zusammenfassend bleibt festzuhalten, dass der Besuch der Veranstaltung und insbesondere der Wissenstransfer die eigenen Erwartungen und Ziele in vollem Umfang erfüllt haben. Viele Zusammenhänge und Fachtermini ließen sich anschließend besser in einen Gesamtkontext einordnen. Dieses übergreifende technische Wissen ist insofern bei der Anwendung im täglichen Dienstbetrieb hilfreich und wird in der Funktion des Multiplikators für Kollegen genutzt, da die technische Aspekte so gut übermittelt wurden, dass auch die anwesenden IT-Laien logische Prozesse nachvollziehen konnten.

3.2 Kommunale 2011

---

[7] Regel- und Linienprozesse, Lessel, W., S. 11f.

[8] DIN 69901-1 „Grundlagen" des Deutschen Instituts für Normung e.V.

[9] Hiermit ist der Verantwortliche für den gesamten IT-Bereich aller XXX 'e gemeint

[10] Der Handlungsleitfaden ist als Anlage 1 hinterlegt.

Titel	Kommunale 2011
Bezeichnung des Trägers der Veranstaltung	Bayerischer Gemeindetag Kommunal GmbH
Ort	Messegelände Nürnberg
Datum	20.10.2011
Zeitlicher Umfang	8 Stunden

Im eigenen Tätigkeitsbereich als Xxx im Organisationsteam eines Truppendienstgerichtes und nebenamtlicher IT-Systemadministrator / Datenschutzbeauftragter ist das Auseinandersetzen mit aktuellen Entwicklungen im Bereich der Verwaltungsmodernisierung und des E-Government unerlässlich. Der Besuch von Fachmessen und Tagungen leistet diesbezüglich einen wichtigen Beitrag. Folgende Studienabschnitte wurden beim Besuch an praktischen Beispielen veranschaulicht und theoretisch inhaltlich vertieft:

-    E-Government „Grundlagen technischer Standardisierung"

-    Wahlpflichtfach „Theorien der Betriebswirtschaftslehre".

Zum Zeitpunkt des Besuches der Fachmesse war das 1. Semester des Studium abgeschlossen und es konnten, rückblickend betrachtet, die gewonnenen Erkenntnisse aus den Fachforen und einzelnen Fachgesprächen sowie den Informationen der jeweiligen Messestände in den folgenden Studienkursen genutzt und zugleich vertieft werden:

- Innovationen in der Verwaltung

- kundenorientierte Organisation und

- elektronische Archivierung.

3.2.1 Zielsetzung der Veranstaltung

„Die Messe stand in diesem Jahr unter dem Motto "Kommunale trifft IT. Mit Sicherheit die Nummer Eins " (Abschlussmeldung Kommunale 2011[11]).

Die Zielsetzung der Veranstaltung war vor allem der fachliche Austausch zwischen den Fach- und Führungskräften in der Verwaltung sowie die Vorstellung zahlreicher Projekte im Rahmen der Verwaltungsmodernisierung[12]. Die Veranstaltung „Kommu-

---

[11] Abrufbar **hier**

[12] Abruf unter: http://www.kommunale.de/de/messe-info/rueckblick/fachforen/fachforum_it/it-programm-do/

nale 2011" fungiert hierbei nicht nur als Messeveranstaltung, sondern bietet auch ein breit gefächertes themenspezifischen Kongressprogramm[13]. Die Zielsetzung bestand darin, einen Überblick hinsichtlich neuer Tendenzen im Bereich E-Government zu erlangen. Im Fokus standen die Themengebiete Verwaltungsmodernisierung, Prozessmanagement und Personalpolitik.

3.2.2 Bewertung und Beschreibung des Lerntransfers

Im Jahr 2011 wurde die Messe thematisch in die nachstehenden Bereiche gegliedert:

1) E-Government, IT-Management, IT-Sicherheit in Form einer IT-Fachkonferenz,

2) Personalmanagement, Bürgerbeteiligung, Strategie und Organisation als Grundbaustein der Kommunale

3) und einem Feuerwehrinformationstag (wurde nicht näher betrachtet).

Im Anschluss an die Eröffnungsrede von Dr. Uwe Brandl, Präsident des Bayerischen Gemeindetags, bildeten die Podiumsdiskussionen mit Themen wie „Chancen durch die Energiewende" und „E-Government 2.0 – der gemeinsame Weg ins NETZ die Grundlage der weiteren Betrachtungen der Messe. Im Verlauf der durchaus interessanten Diskussionen wurde deutlich, welche entscheidende Rolle Energiesparkonzepte und die grundlegende Ausrichtung des E-Government in Richtung Green-IT in der Verwaltung spielen. Nur mit Hilfe von Veränderungswillen und dem Einsatz von Fachverstand gegenüber den Mitarbeitern sowie der entsprechenden Ausdauer kann ein tatsächlicher Wandel der öffentlichen Verwaltung in Richtung energiebewusstem E-Government herbeigeführt werden.

Entsprechend der Schwerpunktsetzung wurden folgende Vorträge besucht:

- Impulsxxx 2 „Stuttgart 21 - eine neue Form der Bürgerbeteiligung", XXX, Oberbürgermeister der Stadt Tübingen,

- Vortrag E1 „Private Cloud mit hoher Sicherheit: künftige IT-Arbeitsplätze in der öffentlichen Verwaltung", XXX, Stadt Bergheim

- Vortrag T2 „Fachverfahren 2.0: E-Government mit innovativer Web-Technologie", XXX, ISST[14]

- Vortrag T6 „Portale in der öffentlichen Verwaltung – Mittel zum Bürgerdialog, aber wie?", XXX, Ancud IT

- Vortrag T8 „Elektronische Archivierung – LanCrypt im Einsatz", XXX, PromoIT.

Die Vorträge führten zu IT-fachlichen Erkenntnisgewinnen. Besonders hervorzuheben sind an dieser Stelle die Ausführungen bzgl. der elektronischen Archivierung,

---

[13] Abruf unter: http://www.kommunale.de/de/messe-info/rueckblick/kongress/

[14] http://www.competence-site.de/Lutz-Nentwig (Stand:21.01.2013, Abruf am: 28.01.2013)

aufgrund des derzeitigen Nebenaufgabengebietes als IT-Administrator beim XXX . Des Weiteren wurden zahlreiche Anregungen für die berufliche Praxis aus dem Vortrag von Herrn Siebkamm mitnehmen[15]. Im Nachgang des Besuches setzte sich der Verfasser mit der Firma PromoIT in Verbindung, um die während des Vortrages gewonnenen Anregungen bzgl. der elektronischen Archivierung im Hinblick auf die Umgestaltung des Militärarchivs in der Xxx verwaltung zu vertiefen.

Die diesbezüglich fachliche Beratung, vor allem hinsichtlich der Sicherheitsmerkmale bei der Archivierung, war sehr hilfreich. Es wurde deutlich, dass die gezielte Anwendung von E-Government und der damit verbundenen Weiterbildung innerhalb der Xxx verwaltung eine herausragende Stellung besitzt. Daneben eröffneten die Gespräche an diversen Messeständen die Möglichkeit, neben den weiterführenden fachlichen Diskussionen im Bereich E-Government, auch einen Überblick über das Meinungsbild des angestrebten MPA-Abschluss und den damit verbundenen Entwicklungsmöglichkeiten im öffentlichen Dienst zu erlangen.

Hierbei entstand die Erkenntnis, dass die Mitarbeiter innerhalb der Bundesverwaltung diesbezüglich wesentlich mehr Skepsis entgegenbringen als Mitarbeiter einer Landes- oder Kommunalverwaltungen. Dadurch zeigte sich sehr deutlich, dass die Kommunalverwaltungen den zukünftigen Entwicklungen im Rahmen der Verwaltungsmodernisierung offener gegenüber stehen.

Abschließend betrachtet war der Besuch der Messe ein durchweg positives und erfolgreiches Erlebnis. Die Entwicklung der Verwaltung zu einer kunden- und serviceorientierten Organisation war an den Messeständen und innerhalb der Fachforen deutlich spürbar. Ganzheitlich betrachtet ist hier der während des MPA-Studiums beschriebene notwendige Wandel der öffentlichen Verwaltung deutlich geworden.

---

[15] Im Nachgang der Messe wurden im XXX vor Ort durch die Fa. PromoIT die Möglichkeiten der Archivierung am praktischen Beispiel veranschaulicht.

3.3 Moderner Staat 2011

Titel	Moderner Staat 2011
Bezeichnung des Trägers der Veranstaltung	Bundesministerium des Inneren
Ort	Messegelände Berlin
Datum	08.11.2011 – 09.11.2011
Zeitlicher Umfang	16 Stunden

Im Nachgang zur besuchten Kommunalmesse in Nürnberg konnte auf dieser Veran-staltung die Vergleichbarkeit zwischen Kommunen und Bundesbehörden im Rahmen der jeweiligen Fortschritte und Erkenntnisberichte im Bereich des E-Government und der Verwaltungsmodernisierung herausgearbeitet werden. Der Besuch dieser Fach-messe sollte dabei einen gewichtigen Beitrag leisten. Die Veranstaltung „Moderner Staat 2011", welche zum 15. Mal stattfand, wurde im Jahr 2011 zum ersten Mal be-sucht. Folgende Studienabschnitte wurden beim Besuch an praktischen Beispielen veranschaulicht und theoretisch inhaltlich vertieft:

- Controlling „Kontrolle und Steuerung"

- E-Government „Grundlagen der Bürgerorientierung".

Zum Zeitpunkt des Besuches der Fachmesse befand sich der Verfasser bereits im 2. Semester des Studiums und es konnten verschiedene gewonnene Erkenntnisse aus den Lektionen, Hausarbeiten und Onlinesitzungen in den jeweiligen Fachforen und den einzelnen Fachgesprächen genutzt und zugleich vertieft werden. Insbesondere folgende Themen waren von größerer Bedeutung:

- Transparenz in der Verwaltung

- E-Government in der österreichischen Xxx und die

- Implementierung elektronische Akten vor dem Kontext der Datensicherheit.

3.3.1 Zielsetzung der Veranstaltung „Moderner Staat 2011"

„Die Messe steht als Impulsgeber für die Modernisierung der Bundesverwaltung" (Fazit des BMI[16] zur Messe Moderner Staat 2011).

Die Zielsetzung der Veranstaltung war - wie schon bei der Kommunale 2011 - der fachliche Austausch zwischen den Führungskräften der Verwaltung und der Vorstel-

---

[16] Bundesministeriums des Innern

lung zukunftsweisender Projekte im Rahmen der Verwaltungsmodernisierung. Die Veranstaltung „Moderner Staat 2011" fungiert hierbei nicht nur als Messeveranstaltung, sondern bietet neben den Kommunalmessen auch ein breiter gefächertes, themenspezifisches Kongressprogramm, vor allem auf dem Gebiet der Bundesbehörden.

Die Zielsetzung bestand darin, Unterschiede beim Aufbau der elektronische gesicherten Bereiche der Xxx anhand der Beispiele der Republik Österreich zu erhalten und die Themengebiete E-Government, Prozesssteuerung und Personalmanagement inhaltlich zur vorausgegangenen Messe zu unterstreichen.

3.3.2 Bewertung und Beschreibung des Lerntransfers

Insgesamt 217 Aussteller hatten auf der Messe „die neuesten Strategien, Projekte und Produkte für die öffentliche Verwaltung gezeigt und Lösungen aus den Themenbereichen E-Government, IT-, Finanz- und Personalmanagement präsentiert".[17]

Ein zentraler Punkt war im Jahr 2011 der begleitende Kongress, dessen Programm von den Kongresspartnern BMI und KGSt[18], den Themenpartnern Vitako, BSI und der Zeppelin University aus Friedrichshafen gestaltet wurde. Hauptaugenmerk wurde auf das Partnerland des Jahres 2011, Österreich gelegt. „Das Melderegister digital und republikweit einheitlich, die online-Signatur mobil und europaweit verfügbar und ein digitaler e-tresor, der als virtueller Datensafe alle wichtigen Verträge und Urkunden sicher verwahrt".[19]

Hier macht Österreich deutlich, warum es seit 2006 im E-Government-Ranking der Europäischen Union durchgängig auf Platz 1 liegt. „Ergebnisse, die zeigen, wie weit inzwischen die Modernisierung öffentlicher Verwaltungen [in Österreich, im Vergleich zu Deutschland,] fortgeschritten ist".[20] Nach der Eröffnungsrede des Bundesinnenministers des Inneren, wurde im weiteren Verlauf der Messetage in zahlreichen interessanten Diskussionen deutlich, welche entscheidende Rolle die Ausrichtung des E-Governments, Energiesparkonzepte und die grundlegende Tendenz in Richtung Green-IT in der Verwaltung spielen.

„Die Anforderungen an die Verwaltung sind in den letzten Jahren weiter gestiegen - durch den technologischen Wandel, die Erwartungen der Öffentlichkeit an Transparenz und Tempo von Verwaltungshandeln und nicht zuletzt durch die demografische Entwicklung. Ein Schlüssel für eine zukunftsfeste Verwaltung liegt daher in der übergreifenden Vernetzung und Zusammenarbeit der Behörden sowie in Transparenz,

---

[17] Abschlussbericht des modernen Staates: http://www.moderner-staat.com/pressemitteilungen_68.141.html

[18] http://www.kgst.de/ (Stand: 2013, Abruf am 28.01.2013)

[19] Abschlussbericht des modernen Staates: http://www.moderner-staat.com/pressemitteilungen_68.141.html

[20] Abschlussbericht des modernen Staates: http://www.moderner-staat.com/pressemitteilungen_68.141.html

Teilhabe und Zusammenarbeit mit Bürgern und Unternehmen".[21] Entsprechend der thematischen Schwerpunktsetzung, wurden die folgenden Vorträge besucht:

- Vortrag A3 – „Vom intelligenten Formular zum aussagekräftigen Report", Herr XXX, Manager Sales & Business Consulting

- Vortrag B2 – „Einfacher, sicherer und schneller Datenaustausch zwischen Unternehmen und Behörden", Herr XXX , Adobe Systems GmbH

- Vortrag C 2 – „Elektronische Akte Nürnberg: Einführung eines elektronischen Dokumentenmanagementsystem", XXX, Stadt Nürnberg

- Vortrag A7 – „Nachhaltigkeit eines strategischen Steuerungsinstrumentes", Frau XXX, Initiative D21; Referent Herr Olaf Höfer, E-COMPANY Consultants IT-Beratung AG; Frau XXX, E-COMPANY Consultants IT-Beratung AG

- Vortrag C4 – „eAdministration und Next Generation", Herr XXX, Initiative D21, Referent Herr XXX, Atos IT Solutions and Services GmbH

- Vortrag B1 – „E-Government bedeutet, Prozesse ganzheitlich zu gestalten", Herr XXX, inubit AG.

Die Vorträge führten durchweg zu Erkenntnisgewinnen, besonders hervorzuheben sind an dieser Stelle die Ausführungen bzgl. des elektronischen Rechtsverkehrs in der Republik Österreich, einem Gemeinschaftsprojekt zwischen dem Bundesministerium für Finanzen und dem Bundesministerium der Justiz in Österreich.

Im Nachgang der Messe setzte sich der Verfasser u.a. mit dem Bereitsteller des Portal „juris"[22] in Verbindung, um die während des Vortrages gewonnenen Anregungen bzgl. der eigenen Möglichkeiten der schrittweisen Zusammenführung elektronischer Akten in der Xxx verwaltung zu vertiefen.

Die fachliche Beratung der Mitarbeiter der juris GmbH, speziell im Hinblick auf die Möglichkeiten der personengebundenen Eingaben in das System war sehr hilfreich. Es wurde deutlich, dass die gezielte Anwendung elektronischer Möglichkeiten innerhalb der Xxx verwaltung noch nicht so weit fortgeschritten ist, wie sie hätte sein können, was zum großen Teil an der mangelnden Bereitstellung der Kommunikationsmöglichkeiten liegt. Daneben wurden Möglichkeiten eröffnet, neben den fachlichen

---

[21]   Bundesinnenminister   zitiert   im   Abschlussbericht   des   modernen   Staates: http://www.moderner-staat.com/pressemitteilungen_68.141.html

[22] http://www.juris.de/jportal/index.jsp (Stand: 15.12.2012, Abruf am: 20.12.2012).

Diskussionen im Bereich E-Government auch einen Überblick über das Meinungsbild des angestrebten MPA-Abschlusses zu erlangen.

Hierzu war der Informationsaustausch mit der Fachhochschule des Bundes für öffentliche Verwaltung interessant und die darin vorgestellten Offerten der einzelnen Dienstherren, welche nur nach Bedarf und Qualifikation ausbilden.

Hier erschloss sich das Bild des Dienstherren, welches die Mitarbeiter innerhalb der Verwaltung zwar fördern möchten, aber zum großen Teil aus Mangel an finanziellen Möglichkeiten, wie z.b. offenen Stellen im höheren Dienst, dieses nicht gewährleisten können.

Abschließend betrachtet war der Besuch der Messe ein positives und erfolgreiches Erlebnis. Die Einführung der Digitalen Signatur im E-Government, ihre vielfältigen Anwendungsmöglichkeiten sowie die dahinterliegende Technik sollten auch in Deutschland eine größere Rolle spielen. Ganzheitlich gesehen ist hier der während des MPA-Studiums beschriebene Weg Österreichs im Bereich E-Government deutlich geworden. Dieser Weg wurde im Nachgang zu dieser Messe zum Anlass genommen, einen Erfahrungsaustausch mit Behörden in Österreich zu forcieren und praktische Erfahrungen zu sammeln.[23]

Auf der anderen Seite ist es wichtig, um von guten Einzelbeispielen aus Deutschland (wie z.b. dem Public Private Partnership Projekt „Fürst-Wrede-Kaserne"[24] in München) zu lernen, dass die Kooperation mit der Privatwirtschaft in allen Bereichen u.a. finanzielle Einsparmöglichkeiten für die Verwaltung birgt.

---

[23] Siehe Erfahrungsaustausch Österreich (ab Kapitel 3.5).

[24] http://ppp.hochtief.de/ppp/507.jhtml (Stand: 21.01.2010, Abruf am 07.11.2012).

3.4 Mese Personal Süd 2012

Titel	Messe Personal Süd 2012
Bezeichnung des Trägers der Veranstaltung	spring Messe Management GmbH & Co. KG
Ort	Messegelände Stuttgart
Datum	24.04.-25.04.2012
Zeitlicher Umfang	16 Stunden

3.4.1 Zielsetzung der Veranstaltung

Bei der Messe Personal Süd 2012 können sich Personaler über Dienstleistungen und Produkte im Personalwesen informieren. Als Treffpunkt von Personalentscheidern bietet die Messe neben den Ausstellern die Möglichkeit des Austauschs in Fachforen und bei 120 Vorträgen. Neben Best-Practice-Beispielen werden von Experten auch Trainingsstunden live veranstaltet.

Ausstellungsschwerpunkte waren unter anderem:[25]

- Softwarelösungen

- Personal- und Unternehmensberatung, Rechtsberatung

- Personaldienstleistungen

- Weiterbildung und Training

- Seminarausstattung

- Future Trends Arbeit.

3.4.2 Beschreibung und Bewertung des Lerntransfers

Neben einigen Firmen, welche Software für die Personalverwaltung vorstellten, wurden Fachvorträge gehalten. Einige Firmen präsentierten Internetportale für die Stellensuche.

Die Firma atrain GmbH aus Bamberg (www.atrain.de) stellte eine Software vor, mit der Personalentwicklungspläne und Führungskräfteentwicklung gemanagt werden

---

[25] http://www.personal-sued.de/content/messe/daten__fakten/index_ger.html (Stand: 24.04.2012, Abruf am 26.04.2012).

kann. Beim Einsatz dieser Online-Instrumente für die Bewerberauswahl kann im Rahmen eines Echtzeitzugriffs auf Ranglisten von Kandidaten und aussagekräftige Bewerberprofile zugegriffen werden. Die Online-Instrumente für die Personal- und Führungskräfteentwicklung bieten Ergebnisberichte mit Ergebnisinterpretation sowie Fragen und Empfehlungen zur eigenen Weiterentwicklung. Der Ergebnisbericht stellt damit eine Grundlage für nachfolgende Coachingprozesse dar.

Die Firma primion (www.primion.de) – mit welcher die Xxx verwaltung an insgesamt 370 Standorten Kooperationsverträge hinsichtlich des Zeiterfassungs- und Auswertungsmanagement besitzt, stellte neue, effizientere Eingabe- und Auswertelösung vor, welche für den Bereich der Xxx verwaltung von großem Interesse sein könnte. Vorgestellt wurden Zeiterfassungssystem, die unabhängig von manuellen Eingaben seitens abgestellter Zeiterfassungsadministratoren (im Nebenamt) die relevanten Daten wie Urlaubsansprüche auf Grund voreingestellter und aktualisierbarer tariflicher Eingaben schnell und effektiv vorgeben können, eventuelle Abweichungen dieser (Teilzeitarbeit, Stundenkürzung) unkompliziert und im Rahmen von Dropdown-Feldern problemlos (und ohne vorherige Einweisung) eingegeben werden können.

Unabhängig von dieser Art der neuen Technologie schien es interessant, ob sich eine mögliche Neuanschaffung (vor Ort wird ein System aus dem Jahr 2001 benutzt) kostenrechtlich für die Zukunft auszahlen könnte.

Dieser Gang der Untersuchung wurde im Nachhinein vor Ort angestoßen, die Prüfung der Zahlen und eines möglichen Break-even-Points (ab welcher Beschäftigungszahl und Bearbeitungszeit der/die Dienstposten im Nebenamt eingespart werden können) befinden sich noch in der Prüfung.

Die besuchten Vorträge und Symposien führten zu Erkenntnisgewinnen, besonders interessant war vor allem, dass es Software-Lösungen gibt, mit denen die gesamte Personalverwaltung und Zugangskontrolltechniken koordiniert werden können, und zwar ohne zeitlich größeren Aufwand. Insbesondere in der öffentlichen Verwaltung könnten solche Software-Komponenten einen Zugewinn für die Personalentwicklung bringen, sofern die Finanzierbarkeit (Machbarkeitsstudie) geregelt wird.

3.5 Erfahrungsaustausch Österreich

Titel	Erfahrungsaustausch Österreich
Bezeichnung des Trägers der Veranstaltung	Landesgericht Linz
Ort	Linz[26]
Datum	07.05.-11.05.2012
Zeitlicher Umfang	38 Stunden

3.5.1 Inhalt und Zielsetzung

Im Nachgang zu einem vom Verfasser organisierten Richterseminars, an welchem u.a. ein Richter des Landesgerichts Linz teilnahm und der besuchten Messe „Moderner Staat 2011" mit Österreich als Gastgeberland, wurde der Entschluss gefasst, die im Bereich E-Government erworbenen Kenntnisse und Möglichkeiten, eingehender bei einem Erfahrungsaustausch auf rechtssprechender Ebene zu vertiefen. Hierzu wurde seitens der Verfassers der besagte Richter am Landgericht in Linz um Erlaubnis gebeten, im Rahmen des angestrebten Austausches die Arbeit am Landgericht Linz näher beleuchten zu dürfen und gleichzeitig Möglichkeiten innerhalb der Stadt und derer Institutionen zu erkunden, um Rückschlüsse auf die E-Government-Strategie Österreichs im Allgemeinen und der Stadt Linz im speziellen ziehen zu können. Der Erfahrungsaustausch sah diverse Besuche verschiedener Einrichtungen innerhalb der Stadtgrenzen vor, welche im Nachgang in zeitlicher Reihenfolge dargelegt werden sollen.

3.5.2 Informations- und Kommunikationstechnologie Linz

„Die IKT Linz GmbH[26] und die IKT Linz Infrastruktur GmbH treten als Gruppe mit einem gemeinsamen Anspruch an: moderne, leistungsfähige und stabile Informations- und Kommunikationstechnologie für die Unternehmensgruppe Stadt Linz in bestmöglicher Qualität zur Verfügung zu stellen".[27]

„Mit der Gründung der IKT Linz Gruppe ist einer der größten EDV-Dienstleister in Linz entstanden und zugleich ein Beispiel für Shared Services im Bereich der öffentlichen Hand. Das Aufgabenspektrum, bedingt durch Größe und Vielfalt der städtischen Unternehmen, sucht seinesgleichen:

---

[26] http://www.linz.at/ (Stand: 10.10.2012, Abruf am: 15.10.2012).

[27] Internetpräsenz Linz Politik/Verwaltung: http://www.linz.at/politik_verwaltung/44530.asp.

- Für den Magistrat Linz werden zahlreiche Serviceanwendungen für Bürger, die geographischen Informationssysteme und interne Lösungen für den Verwaltungsablauf (z.b. der elektronische Akt – ELAK[28] genannt) betreut.

- Für die AKh Linz GmbH[29] betreibt die IKT das Krankenhausinformationssystem (KIS) auf Basis der Standardsoftware SAP, sowie zahlreiche, damit verbundene Logistik- und Verwaltungslösungen.

- Für die Seniorenzentren Linz GmbH [...] und zahlreiche weitere Einheiten und Bereiche wird der Betrieb von verschiedenen Fachanwendungen tagtäglich von [...] Spezialisten der IKT sichergestellt.

- Für die gesamte Unternehmensgruppe Stadt Linz (inklusive LINZ AG) wird in Zusammenarbeit mit strategischen Partnern eine zeitgemäße IKT Infrastruktur zur Verfügung gestellt, die aus einem Netzwerk von rund 5.700 EDV-Arbeitsplätzen, etwa 1.200 physischen und virtuellen Servern und den dazu gehörenden Speicher- und Sicherungssystemen für mehr als 400.000 GB (400 Terabyte) besteht.

- Ein spezieller Fokus wird selbstverständlich auf Sicherheit und Verfügbarkeit gelegt; die Benutzer werden dabei durch das IKT Servicecenter bestmöglich unterstützt, in dem rund 3500 - 4000 Anfragen pro Monat alleine an der Hotline bearbeitet werden.

Seit Beginn 2011 verantwortet die IKT Linz GmbH zusätzlich den Aufbau der Open Commons Region Linz. Über ein Open Government Data Portal werden ausgewählte Daten zur Nutzung und Weiterverarbeitung unter der Creative Commons Lizenz CC-BY zur Verfügung gestellt[30] [...] [Dies ist] ein Start-up-Projekt der Open Commons Region Linz, welches österreichweit und international bereits große Anerkennung findet.

Die IKT Linz Gruppe besteht aus ca. 140 Mitarbeitern, ist nicht gewinnorientiert und nahezu ausschließlich für die Unternehmensgruppe Stadt Linz als interne IKT Dienstleisterin aktiv. Geschäftsführer der IKT Linz GmbH ist [...] [Dipl.-Ing.] XXX. Gemeinsam mit Mag[istrat] XXX leitet er auch die IKT Linz Infrastruktur GmbH".[31]

Im Rahmen des Erfahrungsaustausches wurde ein Gespräch mit Herrn XXX in der Räumlichkeiten der IKT geführt, hierbei wurden u.a. über die Betreuungsstruktur der Stadt Linz, sowie die technischen Möglichkeiten von E- bis Open-Government gesprochen. Parallelen wurden zwischen Deutschland und Österreich gezogen, wobei festzuhalten war, dass auf Grund mangelnder Rechtslage im Verwaltungszustel-

---

[28] http://de.wikipedia.org/wiki/ELAK (Stand: 08.01.2013, Abruf am 28.01.2013)

[29] http://www.linz.at/akh/index.asp (Stand: 17.11.2012, Abruf am 23.11.2012)

[30] http://www.data.linz.gv.at (Stand: 20.10.2012, Abruf am 25.10.2012)

[31] Internetpräsenz Linz Politik/Verwaltung: http://www.linz.at/politik_verwaltung/44530.asp.

lungsgesetz[32], die Möglichkeiten bspw. elektronischer Übermittlungen von sicher-
heitsempfindlichen Daten in Deutschland derzeit kaum realisierbar sind, in Österreich
hingegen seit Einführung der Bürgerkarte[33] Gang und Gäbe.

3.5.2.1 Beschreibung und Bewertung des Lerntransfers

Das geführte Fachgespräch trug zu großen Erkenntnisgewinnen im Bereich E-
Government bei. Besonders interessant war, dass hier Software-Lösungen zum Einsatz kommen, welche die gesamte Personalverwaltung und den elektronischen Versand koordinieren können, und zwar mit geringem zeitlichem Aufwand. Insbesondere
die Möglichkeit einzelner Mitarbeiter, sich mit Hilfe sicherer Zugangsdaten von ihrem
privaten Laptop aus in das Behördennetzwerk einzuwählen und so eine teilweise Te-
le-Arbeit zu realisieren, wurde vor dem Hintergrund der eigenen Aufgabenstellung im
Truppendienstgericht aufgegriffen.

Hier wäre die Einrichtung einer Remote-Access-Verbindung für die Richter sinnvoll,
wenn diese, auf Grund der richterlichen Unabhängigkeit, auch was die Arbeitszeiten
angeht, von unterwegs Entscheidungen[34] zu treffen haben, welche auf sicherem
Weg zur Geschäftsstelle übertragen werden müssen. Ein Kommunikationsaustausch
hinsichtlich dieser Möglichkeiten wird derzeit zwischen dem Domänenverantwortlichen der Xxx , dem Verfasser und Dipl.-Ing. XXX aus Linz geführt.

3.5.3 Bürgerservice Linz

Am zweiten Tag erfolgte ein Fachgespräch mit der Leiterin des Bürgerservices des
Magistrates der Stadt Linz, Frau XXX. Seit vielen Jahren stehen beim Dienstleis-
tungsangebot der Linzer Stadtverwaltung die Bedürfnisse der Bürger im Mittelpunkt.
„So wurde 2002 das Bürgerservice Center im Neuen Rathaus als zentrale städtische
Servicestelle eröffnet. Für Reisedokument-Anträge steht das Reisepass Center im
ersten Stock des Neuen Rathauses (direkt über dem Bürgerservice Center) zur Verfügung. Viele der im Bürgerservice Center angebotenen Leistungen können auch in
den Stadtbibliotheken in Wohnortnähe in Anspruch genommen werden.

Eine weitere Besonderheit ist der Bürgerservice an der Kepler-Uni, [...] [welcher] in
Kooperation mit der Österreichischen Hochschülerschaft angeboten wird. Mit dem
Teleservice Center[35] setzt die Stadt Linz seit 2006 auch am Telefon neue Maßstä-
be".[36]

---

[32] Erst mit Änderung vom 22.12.2011 wurde die elektronische Zustellung ins VwZG aufgenommen.

[33] Hierzu: http://www.buergerkarte.at/ (Stand: 15.08.2012, Abruf am 07.09.2012).

[34] z.B. Zustimmung zu Arresten oder Durchsuchungen.

[35] http://www.linz.at/service/477.asp (Stand: 2012, Abruf am 28.01.2013).

[36] Internetpräsenz des Bürgerservice Linz: http://www.linz.at/service/448.asp.

3.5.3.1 Beschreibung und Bewertung des Lerntransfers

Interessant war hierbei vor allem, dass sich die Stadt Linz bei der Einrichtung der Räumlichkeiten auch in Deutschland umgeschaut hat und bei der Stadt Duisburg[37] im Jahre 2005 einige Richtlinien und Möglichkeiten der Gestaltung ‚abgeschaut‘ hat, bspw. die Regelung der Pausenzeiten für die Mitarbeiter des Teleservice-Centers. Hierbei wurde eine Schüssel mit 5 Bällen am Eingangsbereich aufgestellt, aus welcher sich jeder ‚Pausenwillige‘ einen Ball entnehmen kann, allerdings dürfen nicht mehr als 5 Mitarbeiter gleichzeitig in der Pause sein, sollte dementsprechend die Schüssel mit den ‚Pausenbällen‘ leer sein, kann keine Pause durchgeführt werden.

Neben hochmodernen Headsets, die ergonomischen Anforderungen im höchsten Maße entsprechen, wurde auch ein extrem schalldämmender Teppich eingesetzt, um unnötige Geräusche, welche an einer Geräuschampel[38] angezeigt werden können, zu vermindern. Gerade im Hinblick auf die Öffnungszeiten und die technische Ausstattung wurden wieder Akzente im Wissensbereich E-Government gesetzt, welche gedanklich mit nach Deutschland transferiert werden könnten, jedoch im derzeitigen Aufgabengebiet des Verfassers schwerlich zur Anwendung kommen können, auch auf Grund mangelnder technischer Voraussetzungen. Gegebenenfalls könnte die Grundidee bei möglichen Nachfolgearbeitgebern zur Anwendung kommen.

3.5.4 Landesgericht Linz

An den beiden nachfolgenden Tagen lag der Themenschwerpunkt auf der richterlichen Tätigkeit am Landesgericht Linz, die Fachgespräche wurden mit dem Richter am Landesgericht Dr. XXX geführt, wobei Einblicke und Diskussionen hinsichtlich folgender Schwerpunkte geführt wurden:

- Verfahrensautomation Justiz,

- Elektronischer Rechtsverkehr.

Inhaltlich ging es dem Verfasser vorrangig darum, die Vergleichbarkeit mit der Justiz der Xxx in Deutschland hinsichtlich technischer Umsetzung und Verfahrensabläufe gegenüberzustellen und so möglicherweise Potential für die Weiterentwicklung im eigenen Aufgabengebiet zu generieren. Im Nachfolgenden sollen kurz die behandelten Schwerpunkte sowie der möglicherweise daraus zu ziehende Nutzen skizziert werden.

---

[37] http://www.duisburg.de/ (Stand: 17.01.2013, Abruf am 20.01.2013)

[38] Bspw. hier: http://www.backwinkel.de/tag/geraeusch-ampel/Lautstaerken-Ampel-LED.html

3.5.4.1 Beschreibung und Bewertung des Lerntransfers

Verfahrensautomation Justiz

Die Verfahrensautomation Justiz (VJ) unterstützt am Landesgericht Linz sämtliche Gerichte und Staatsanwaltschaften bei der Registerführung von mehr als 50 verschiedenen Verfahren. Teile von Verfahren (z.b. Mahnverfahren) werden vollkommen automatisch abgewickelt, gerichtliche Erledigungen[39] werden automatisch erstellt und über eine zentrale Poststraße abgefertigt.

Eingaben und Erledigungen werden über den elektronischen Rechtsverkehr (ERV) übermittelt und Gerichtsgebühren bargeldlos eingezogen. Die vorgelegten Kennzahlen sind überwältigend, gerade, was die Umsetzung der Daten angeht. So sind justizintern etwa 7.500 Benutzer (davon rund 2.000 Richter und Staatsanwälte) mit jährlich ca. 3 Mio. Verfahren, ca. 5,7 Mio. elektronische Zustellungen und ca. 8,7 Mio. postalischen Zustellungen im Gesamtverbund des Netzes hinterlegt[40].

Die dort integrierten Einzelfunktionen Statistiken, Gerichtsgebühren, sowie die Anbindung an den Elektronischen Rechtsverkehr wurden im technischen Austausch mit dem vor Ort beim XXX vorhandenen Geschäftsstellenprogramm im Rahmen des E-Government und der Umsetzung von Innovationen in der Verwaltung probeweise eingeführt. Die Pilotierung des Projektes ist zum Zeitpunkt des Berichts noch nicht abgeschlossen, die technische Unterstützung seitens des Fachpersonals der XXX wurde vorausgesetzt.

Elektronischer Rechtsverkehr

„Der elektronische Rechtsverkehr mit den Gerichten wurde bereits 1990 als Kommunikationsmittel mit den Parteien gleichberechtigt mit der Einbringung auf Papier eingeführt. Österreich dürfte damit weltweit das erste Land gewesen sein, das den elektronischen Rechtsverkehr eingeführt hat. Der elektronische Rechtsverkehr ermöglicht die elektronische Übermittlung von Eingaben und die automatische Übernahme der Verfahrensdaten in die Verfahrensautomation Justiz.

Die damit im Endausbau erzielbare Personaleinsparung der Justiz wird auf [ca. 135] [...] Dienstposten in Linz geschätzt. Im Jahr 1999 wurde auch die Gegenfahrbahn auf dem "Datenhighway der Justiz" eröffnet, die Zustellungen von gerichtlichen Schriftstücken im sogenannten "Rückverkehr" elektronisch ermöglicht".[41] Damit wurden 2009 allein an Portogebühren Einsparungen von rund € 4,4 Mio. (Tendenz steigend) erzielt.

---

[39] z.B. Beschlussvorlagen, welche von den Xxx rn für die richterliche Entscheidung vorbereitet werden können.

[40] eJustice Austria: IT-Anwendungen in der österreichischen Justiz (2008): Online verfügbar http://www.justiz.gv.at/internet/file/2c9484852308c2a601230eeed6f60127.de.0/folder_justiz-online_mai2008_+deutsch+v+1.0_neu.pdf. S. 3).

[41] eJustice Austria: IT-Anwendungen in der österreichischen Justiz (2008): Online verfügbar http://www.justiz.gv.at/internet/file/2c9484852308c2a601230eeed6f60127.de.0/folder_justiz-online_mai2008_+deutsch+v+1.0_neu.pdf. S. 4).

„Der elektronische Rechtsverkehr wurde im Jahr 2007 auf webbasierte Technologie umgestellt, bei der offene Standards wie z.b. XML, WebServices und SOAP zum Einsatz kommen. Der durch SSL und Zertifikate gesicherte elektronische Rechtsverkehr ist über mehrere Übermittlungsstellen zugänglich und eröffnet u.a. die Möglichkeit, dem elektronisch übermittelten Schriftsatz auch Beilagen in Form von Attachements rechtssicher anzuhängen".[42]

Seit Anfang 2009 können Gerichte und Staatsanwaltschaften somit Urteile, Protokolle und andere Dokumente als PDF-Anhang im elektronischen Rechtsverkehr versenden. Der elektronische Rechtsverkehr fand besondere Beachtung beim Erfahrungsaustausch, da hier vor allem die finanziellen Einsparmöglichkeiten, auch außerhalb von Personalsparmaßnahmen, bedeutend sind, wie die Aussagen der Fachleute am Landesgericht Linz bestätigt haben.

Unabhängig vom reduzierten Versand echter Poststücke kommt es auch im Bereich Personalmanagement zu Verschiebungen in der Aufgabenstellung der Mitarbeiter im Postzustelldienst, da nun auch hier die Schulungen im Bereich IT forciert werden müssen. Dies scheint ein interessanter Ansatz für die Personalauswahl künftiger Mitarbeiter auch im Bereich der Xxx verwaltung zu sein.

Die Zustellmöglichkeiten wurden im Anschluss an den Erfahrungsaustausch, mit den vor Ort zuständigen Führungskräften, diskutiert. Bei einer möglichen Umstellung auf den elektronischen Rechtsverkehr innerhalb der Xxx verwaltung soll den Personalabteilungen damit ein Sprung ins kalte Wasser', durch eine zeitnahe und ressourcengerechte Rekrutierung von Personal, welches die nötigen Voraussetzungen mitbringt, erspart werden.

3.5.5 Bundesheer Österreich

Am letzten Tag wurde die EDV-Verarbeitungsebene des Bundesheeres im Fachgespräch mit Oberst XXX, quasi als Pendant zur Xxx vorgestellt. Hier zeigten sich technische Rückschritte, ausgelöst durch die Vergabe von elektronischen Leistungen an Bewerber, welche sich durch das Konstrukt ihrer Software auf Jahre an das Bundesheer gebunden haben, sodass nur die Mitarbeiter dieser Firma etwaige Updates oder Änderungen vornehmen können.

Hier wurde der Grundsatz der Vergabe an den wirtschaftlichsten Anbieter weitgehend übergangen, indem man lediglich den preiswertesten Anbieter für die Ausschreibung annahm.

---

[42] eJustice Austria: IT-Anwendungen in der österreichischen Justiz (2008): Online verfügbar http://www.justiz.gv.at/internet/file/2c9484852308c2a601230eeed6f60127.de.0/folder_justiz-online_mai2008_+deutsch+v+1.0_neu.pdf. S. 4).

Die Folgekosten sind immens, zumal ein Großteil der einzupflegenden Daten nur schwer bis gar nicht in mögliche neue Systeme migriert werden können. Eine Lösung für das aktuelle Problem konnte im Fachgespräch nicht aufgezeigt werden.

3.5.5.1 Beschreibung und Bewertung des Lerntransfers

Hauptaugenmerk und Erkenntnisgewinn dieser Unterhaltung war die Aussage, dass bei Ausschreibungen im öffentlichen Dienst mittel- und langfristig gedacht und finanziell gehandelt werden muss. Ein Fachgespräch in dieser Art wurde seitens des Verfassers bis dahin nicht durchgeführt und zeigte sehr deutlich einen Blick über den ‚Tellerrand' des Grundsatzes von Wirtschaftlichkeit und Sparsamkeit.[43]

4. Fazit

Die beschriebenen Lernerträge bzw. Lerntransfers der Erweiterungsstudien belegen, dass hierdurch ein wesentlicher Beitrag zur Verknüpfung von Theorie und Praxis geleistet wurde. Dem Verfasser war es in Folge dessen möglich, konkrete theoretische Sachverhalte aus den verschiedenen Modulen des MPA-Studiums zu vertiefen, aber vor allem die tatsächliche praktische Umsetzung anhand von Beispielen nachzuvollziehen. Die dargestellten Erweiterungsstudien bezogen sich größtenteils auf den eigenen Tätigkeitsbereich bzw. dienten im vorliegenden Fall des gezielten Erfahrungsaustausches auf dem Gebiet des E-Government. Durch den Besuch der Messen ermöglichten sie aber auch, Themengebiete kennenzulernen, welche nicht im eigenen Aufgabenbereich anzutreffen waren.

Hierdurch wurde die Möglichkeit gegeben, andere Blickwinkel und Tätigkeitsfelder kennen zu lernen, um vielleicht nach Abschluss des Studiums in einem anderen Aufgabenbereich tätig zu werden. Dies trug dazu bei, die Inhalte des Studiums zu reflektieren und die Grundlagen des Verwaltungswissens zu erweitern.

Die Möglichkeiten meiner Arbeitsstelle, beispielsweise mit Hilfe von Sonderurlaub an dem Erfahrungsaustausch teilzunehmen, sind jedoch nicht überall gegeben. Die erforderlichen Stunden, welche für den Bericht zusammen zu tragen sind, sollten bei begründeten Ausnahmefällen reduzierbar sein, gerade im Tätigkeitsfeld der Arbeitsagenturen habe ich von Mitstudenten in Erfahrung bringen können, dass „außerplanmäßige" Schulungen kaum umzusetzen sind.

Um einheitlichere Regelungen schaffen zu können, sollte m.E. das MPA-Studium „publikumswirksamer", auch bei den Arbeitgebern vorgestellt werden. Hier empfiehlt

---

[43] In Deutschland: Art. 114 Abs. 2 Satz 1 GG.

sich möglicherweise ein Stand auf den Messen, welche im Regelfall von Mitarbeitern und Behördenleitern des öffentlichen Dienstes besucht werden.

Abschließend bleibt festzuhalten, dass durchweg alle Erweiterungsstudien lehrreich waren. Das MPA-Studium ermöglicht dem Studierenden eigene Schwerpunkte, auch im Hinblick ein mögliches zukünftiges Berufsfeld, zu setzen und diese praxisnah unter Zuhilfenahme von Fachleuten zu reflektieren. Daneben erweitert sich der Wissenshorizont aufgrund der geforderten Stundenanzahl um weitere Dimensionen, welche sich der Student zwangsläufig aneignen muss. Ein weiterer positiver „Nebeneffekt" der Vorgaben dieses Studiums.

Quellenverzeichnis

Bücher:

DIN 69901-1:2009-01

Projektmanagementsystem – Teil 1 Grundlagen

Lessel, Wolfgang

Projektmanagement: Projekte effizient planen und erfolgreich umsetzen

Bibliograph. Institut. GmbH; Auflage: 3. Auflage. 2007

Internetquellen:

Bürgerkarte Österreich

http://www.buergerkarte.at/

[Stand: 15.08.2012, Abruf am 07.09.2012].

Die Geräuschampel

http://www.backwinkel.de/tag/geraeusch-ampel/Lautstaerken-Ampel-LED.html

[Stand: 15.01.2013, Abruf am 21.01.2013]

E-Justiz Österreich

http://www.justiz.gv.at/internet/file/2c9484852308c2a601230eeed6f60127.de.0/folder
_justiz-online_mai2008_+deutsch+v+1.0_neu.pdf

[Stand: 15.05.2008, Abruf am 21.01.2013]

ELAK

http://de.wikipedia.org/wiki/ELAK

[Stand: 08.01.2013, Abruf am 28.01.2013]

Herkules Rahmenvertrag

http://www.xxx
.de/portal/a/bwde/!ut/p/c4/NYzBCslwEET_KLGlit4qlgii6MXWW5pu26XJpmy3zcWPN
xWcgWHgwdNvnUpmxtYlBjJOF7q0eKiiqmlNagaOxslErQqDoEfg9COyjLYzjTi0XQ8o
CqkJ7H-SUcB2hL1-
LflksYFAlhUgwbQtGwmshs-
DiFjlxJ6Kw1uUqOx2z3eqf7LN9FPn1udmvL7fzXQ_e51_UhF12/.
[Stand: 14.08.2012, Abruf am: 30.11.2012].

IKT Linz GmbH

http://www.linz.at/

[Stand: 10.10.2012, Abruf am: 15.10.2012]

Juris

http://www.juris.de/jportal/index.jsp

[Stand: 21.01.2013, Abruf am 23.01.2013].

Kommunale 2011

http://www.kommunale.de/de/presse/presseinformationen/?focus=de&focus2=nxps%
3a%2f%2fnueme%2fpressnews%2fb35d414e-368a-476f-ae54-
d74abac8c9fe%2f%3ffair%3dkommunale%26language%3dde&campaignid=PI-
Abschlussmeldung+Kommunale+2011%3a+Alle+da

http://www.kommunale.de/de/messe-info/rueckblick/fachforen/fachforum_it/it-
programm-do/

http://www.kommunale.de/de/messe-info/rueckblick/kongress/

[Stand: 20.11.2011, Abruf am 08.12.2012].

Moderner Staat 2011

http://www.moderner-staat.com/pressemitteilungen_68.141.html

[Stand: 17.12.2011, Abruf am 05.12.2012].

Krankenhaus Linz

http://www.linz.at/akh/index.asp

[Stand: 17.11.2012, Abruf am 23.11.2012]

Linz Open Data

http://www.data.linz.gv.at

[Stand: 20.10.2012, Abruf am 25.10.2012]

Personal 2012

http://www.personal-sued.de/content/messe/rueckblende/index_ger.html

[Stand: 26.06.2012, Abruf am 10.12.2012].

PPP-Fürst-Wrede-Kaserne

http://ppp.hochtief.de/ppp/507.jhtml

[Stand: 21.01.2010, Abruf am 07.11.2012].

Primion

http://www.primion.de/

[Stand: 25.10.2012, Abruf am 15.11.2012].

Stadt Duisburg

http://www.duisburg.de/

[Stand: 07.11.2012, Abruf am 15.11.2012].

Teleservice Center Linz

http://www.linz.at/service/477.asp

[Stand: 2012, Abruf am 28.01.2013}]

Verwaltungszustellungsgesetz

http://dejure.org/gesetze/VwZG

in Kraft getreten am 01.02.2006, zuletzt geändert durch Gesetz vom 22.12.2011 (BGBl. I S. 3044) m.W.v. 01.04.2012

[Stand: 17.01.2013, Abruf am 20.01.2013]

Anlagen

Anlage 1 – „Leitfaden Fileservice"

Leitfaden

Fileservice bei den Truppendienstgerichten

Allgemeines

Die BWI als IT-Gesellschaft ist verpflichtet, auf Netzwerkspeichern freigegebene Verzeichnisse zur Ablage von Anwendungs- und/oder Officedaten funktionsfähig bereitzustellen (Fileservice).

Zur Datenverlagerung in die Zielumgebung (Überführung der File Struktur in den Fileservice Zielbetrieb) sind von allen Nutzern nachfolgende grundsätzliche Rahmenbedingungen zu beachten:

Die künftigen neuen Ordnerstrukturen sind bis einschließlich zur **fünften Ebene**

einheitlich für beide Gerichte festgelegt. Änderungen bis zu dieser Ebene sind nur durch die Fileservice-Dienststellenverantwortlichen (Herr xxx[44] für XXX Nord und Herr XXX für XXX Süd) zulässig.

Unterhalb der fünften Ebene können die Nutzer mit Vollzugriffsrechten (= schreibende Rechte) eigenverantwortlich beliebige weitere Unterordner anlegen.

Insgesamt stehen allerdings - von der ersten Ebene bis zur letzten Ebene - nur

256 Zeichen für die Ordnerkennzeichnung zur Verfügung (Gesamtpfadlänge).

---

[44] Name aus Datenschutzgründen anonymisiert

Beispiel:

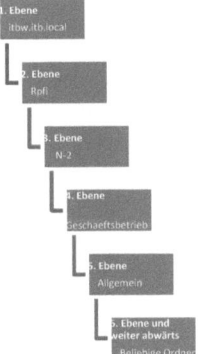

J:\itbw.itb.local\XXX\N-XXX\Geschaeftsbetrieb\Allgemein\ = 55 Zeichen

Bei der Bezeichnung der Ordner dürfen keine Umlaute (ö,ü,ä) verwendet werden.

Wie bisher ist zwischen

Gruppenlaufwerken   (servergespeicherte, freigegebene Ordnerstrukturen, auf

die mehrere Nutzer zugreifen können, z.B. Ordner N-1 oder S-1

etc.)

und

Homelaufwerken   (personenbezogene Netzlaufwerke, die ausschließlich

dem jeweiligen Nutzer auf Basis seiner Zugriffskennung –

künftig SAP- Nummer – zugeordnet sind)

zu unterscheiden.

Die IT-Gesellschaft ist im Zielbetrieb verpflichtet, belegbaren Plattenplatz auf den Netzwerkspeichern (Gruppenlaufwerke und Homelaufwerke gemeinsam) von

1,5 GB pro Arbeitsplatzcomputer zur Verfügung zu stellen, wobei pro Jahr ein Wachstum
von 20 % vorgesehen ist.

Darüber hinaus ist für die **Homelaufwerke** eine Kapazitätsgrenze von **150 MB** festgelegt, die
nicht überschritten werden darf.

Somit ist in vielen Fällen eine Bereinigung der Datenbestände auf den Homelaufwerken erforderlich!

Homelaufwerke, die über dem vorgesehenen Grenzwert liegen, werden zunächst komplett übernommen. Ein Hinzufügen von weiteren Daten ist jedoch erst möglich, wenn das Volumen durch den Nutzer durch Bereinigung unterhalb des Grenzwertes (150 MB) reduziert wird.

Datenverlagerung

Die Umstellung der bisherigen Ablagestruktur auf die Fileservice - Zielstruktur erfolgt in der Weise, dass die alte und neue Struktur für eine Übergangszeit parallel auf dem Explorer erscheint.

Die Daten sind dann aus den bisherigen Ordnern in die neuen Ordner zu verschieben.

Zuständig hierfür sind / ist:

- **jeder Nutzer** für die Daten, die sich auf seinem bisherigen Homelaufwerk befinden. Hierbei ist zu beachten, dass allein schon wegen der Größenbeschränkung auf dem neuen Homelaufwerk nur noch die eigenen persönlichen Dateien/Dokumente mit dienstlichem Bezug zu speichern sind, z.B. ausgefüllte Beihilfeanträge, Urlaubs – und Dienstreiseanträge. Alle anderen dienstlichen Daten, auf die im Krankheits- und Vertretungsfall auch der Vertreter zugreifen muss, sind in den Gruppenlaufwerken zu speichern.[45]   Ausschließlich private Daten sind auch auf dem Homelaufwerk nicht zu speichern (Verbot der privaten Nutzung dienstlicher Hard- und Software!)

- **die XXXleiter, XXXverwalter und Bürokräfte** in gemeinsamer Abstimmung für die Daten, die sich bisher auf den Laufwerken der einzelnen Kammern befinden.

---

[45] Hierbei sollte mit dem Vertreter eine Ablagesystematik besprochen werden, damit die Suchstruktur am XXX gleich ist.

- **die Berechtigten** mit Vollzugriffsrechten für die Daten, die in die Ordner **XX, XX, Vorzimmer, XX, IT-Sibe, PersRat, XX, DVB** zu verlagern sind.

Für die Zeit der Datenverlagerung sind zunächst alle Ordner freigegeben.

Später werden im Einzelnen die Berechtigungen **L** = nur lesen und **S** = schreiben (Vollzugriff) vergeben.

Jeder Nutzer sieht dann in der Ordnerstruktur auch nur die Ordner, für die er lesende oder schreibende Rechte hat; alle anderen Ordner erscheinen aus Gründen der Übersichtlichkeit nicht. Die Berechtigungen können ausgehend von der 1. Ebene nur bis einschließlich zur 4. Ebene vergeben werden. Die Berechtigungen werden durch die Fileservice-Dienststellenverantwortlichen vergeben.

Alle Ordner ab der 5. Ebene haben die gleichen Zugriffsrechte, die auf der 4. Ebene vorgegeben wurden; eine Spezifizierung ist hier nicht mehr möglich. Dieses ist bei der Erstellung neuer Ordner (was ja unterhalb der 5. Ebene durch jeden einzelnen Nutzer frei möglich ist) zu bedenken.

Arbeitsweise mit dem neuen Fileservice im Zielbetrieb

Austauschordner

Auf den Ebenen XXX Nord, XXX Süd, Kammerstandorte und Kammer (z.B. N1-u-2 oder S-1-u-2) gibt es sogenannte **Austauschordner**, auf die alle Mitarbeiter des XXX , des Kammerstandortes bzw. der Kammer Vollzugriff haben. Über diese Austauschordner können Dateien ausgetauscht werden, die bisher z.B. nur über Mailanhänge versandt wurden. Für den Austausch sind die Daten kurzfristig vom Absender in diese Ordner einzustellen und vom Empfänger in andere Ordner zu verlagern und danach von ihm sofort im Austauschordner zu löschen (Löschdisziplin!)

Formblätter

DIGOT-Formblätter sind <u>nur</u> über das Geschäftsstellenprogramm zu öffnen und zu befüllen (öffnet automatisch ein Word-Dokument).

Ein Abspeichern der Blanco-Formblätter an anderen Orten wie z.b. dem Homelaufwerk ist zu unterlassen.

Darüber hinaus erforderliche Formblätter für den Gerichts- und Geschäftsbetrieb befinden sich in diesen Ordnern:

Ebene XXX – Formblätter allgemein (wie Beihilfe-, Urlaubsanträge),

Ebene XXX – Formblätter Geschäfts- und Gerichtsbetrieb, die nur die XXX benötigt,

Ebene XXX – Formblätter Geschäfts – und XXXbetrieb (z.B. Verfügungen). Diese Formblätter sollen nur durch die Geschäftsstellenleitern eingestellt werden. Sinnvoll ist es, auch diese Formblätter als Dokumentenvorlage (DOT) abzuspeichern.

Verfahren

Im Ordner Verfahren (4. Ebene) sind auf der 5. Ebene die Ordner der einzelnen Verfahrens-arten (VL, BLa, GL etc.) angelegt. Hier sind für das jeweilige einzelne Verfahren Unterordner anzulegen, z.b. unter Ordner **VL** Unterordner **5_11** mit oder ohne Namenszusatz. In diesem Unterordner sind alle Vorgänge zu dem einzelnen laufenden Verfahren zu speichern (La-dungen, Kostenanfragen, Protokoll, Urteilsentwurf, Urteil etc.).

Mit der Verfügung „Urteilsversendung" wird später unter anderem verfügt, dass das Urteil **anonymisiert** im Ordner Archiv mit Angabe des Aktenzeichens abzulegen und der einzelne Verfahrensordner danach zu löschen ist.

Verschlüsselung

Wie bisher sind die Daten mit LANCrypt verschlüsselt.

Die einzelnen Nutzer benötigen jedoch für den Zugriff im Zielbetrieb die PKIBw-Karte und den Kartenleser (in der Tastatur bzw. im externen Lesegerät des richterlichen Personals und des Ausbildungs- und Kostenprüfungsbeamten). Der Zugang erfolgt nach eingesteckter Kar-te und abgeforderter PIN-Eingabe.

Termin für die Datenverlagerung

Die Umstellung soll nach jetzigen Planungen in der Zeit ab Oktober 2011 bis Januar 2012 erfolgen. Die einzelnen Kammerstandorte werden rechtzeitig durch Herrn xxx bzw. Herrn
Hirsch informiert.

Löschdisziplin

Aufgrund der künftigen Größenbeschränkung kommt der Löschdisziplin jedes einzelnen Nut-
zers eine besondere Bedeutung zu

Bereits im Vorfeld der Datenverlagerung sollte jeder Nutzer seine selbst erstellten Dokumen-
te/Dateien kritisch betrachten und nicht mehr benötigte Daten löschen.

Auch im späteren Zielbetrieb sind regelmäßig unnötige Dateien/Dokumente durch den Nutzer zu löschen.